# अंतरिक्ष में बढ़ते कदम

# शुभांशु शुक्ला

चित्रा गर्ग

(एम.ए.,बी.एड.)

राष्ट्रपति द्वारा राजभाषा गौरव पुरस्कार से सम्मानित

डायमंड बुक्स

www.diamondbook.in

**प्रकाशक : डायमंड पॉकेट बुक्स ( प्रा. ) लि.**
X-30 ओखला इंडस्ट्रियल एरिया, फेज-II
**नई दिल्ली** - 110020
**फोन** : 011- 40712200
ई-मेल : wecare@diamondbooks.in
वेबसाइट : www.diamondbooks.in
संस्करण : 2025
मुद्रक : रेप्रो (इंडिया)

---

**Antriksh Main Badhte Kadam Shubhanshu Shukla**
by : *Chitra Garg*

# भूमिका

क्या तुमने कभी सोचा है कि अंतरिक्ष में लोग कैसे रहते हैं? वे खाते कैसे हैं, सोते कैसे हैं, और बिना गुरुत्वाकर्षण के चीज़ें कैसे काम करती हैं? अगर तुम्हें भी इन प्रश्नों के उत्तर जानने की जिज्ञासा है, तो यह पुस्तक तुम्हारे लिए है।

यह पुस्तक भारत के पहले ऐसे अंतरिक्ष यात्री शुभांशु शुक्ला की जीवनी पर आधारित है, जिन्होंने 25 जून से 15 जुलाई 2025 तक अंतरराष्ट्रीय अंतरिक्ष स्टेशन (ISS) में रहकर भारत का गौरव बढ़ाया। उन्होंने वहां रहकर कई वैज्ञानिक प्रयोग किए, अनुभव साझा किए और यह सिद्ध किया कि खुले आसमान में भी भारतीय प्रतिभा अपना परचम लहरा सकती है।

पुस्तक में यह भी बताया गया है कि जब कोई अंतरिक्ष में जाता है तो उसका वज़न क्यों कम हो जाता है, वह कैसे बिना ज़मीन के तैरता रहता है, और बिना बिस्तर के हवा में ही सो सकता है। इन सारे अनुभवों को एक बेहद सरल, रोचक और ज्ञानवर्धक भाषा में प्रस्तुत किया गया है, जिससे बच्चे और युवा दोनों ही प्रेरित होंगे।

यह पुस्तक न केवल एक प्रेरणादायक जीवन-यात्रा है, बल्कि एक ऐसी उड़ान की कहानी है, जो हर बच्चे के मन में सपने देखने की आग जला देगी। तो पढ़िए और उड़ चलिए एक नए आकाश की ओर।

**चित्रा गर्ग**

**(एम.ए.,बी.एड.)**

**राष्ट्रपति द्वारा राजभाषा गौरव पुरस्कार से सम्मानित**

# अनुक्रमणिका

# 1

# अंतर्राष्ट्रीय अंतरिक्ष स्टेशन जाने वाले पहले भारतीय शुभांशु शुक्ला

भारत के अंतरिक्ष यात्री शुभांशु शुक्ला ने एक नया इतिहास रच दिया है। वह अंतर्राष्ट्रीय अंतरिक्ष स्टेशन (आईएसएस) पर कदम रखने वाले पहले भारतीय बन गए।

अंतर्राष्ट्रीय अंतरिक्ष स्टेशन के लिए शुभांशु शुक्ला की उड़ान के साथ ही 140 करोड़ भारतीयों का स्वाभिमान सातवें आसमान पर पहुंच गया। शुभांशु शुक्ला ने एक्सिओम मिशन 4 स्पेस द्वारा संचालित वाणिज्यिक मिशन के तहत 25 जून, 2025 को तीन अन्य अंतरिक्ष यात्रियों के साथ आईएसएस के लिए रवाना होकर इतिहास रच दिया।

स्पेसएक्स के फाल्कन-9 रॉकेट ने 25 जून को दोपहर 12:01 बजे एक्सिओम मिशन के चार अंतरिक्ष यात्रियों को लेकर फलोरिडा के कैनेडी स्पेस सेंटर से आईएसएस के लिए उड़ान भरी, जिसका दुनिया भर के लोगों ने स्वागत किया। शुभांशु शुक्ला व तीन अन्य अंतरिक्ष यात्री गुरुवार को जब आईएसएस पर पहुंचे, तो वहां पहले से मौजूद अंतरिक्ष यात्रियों ने सभी को गले लगाकर और हाथ मिलाकर उनका स्वागत किया।

स्पेस एक्स का ड्रैगन अंतरिक्ष यान भारतीय समय के मुताबिक शाम 4:01 बजे अंतरिक्ष

स्टेशन पर पहुंचा। उस समय यह उत्तरी अटलांटिक महासागर के ऊपर से गुजर रहा था। नासा ने एक्स पोस्ट में कहा, अंतरिक्ष यात्री ड्रैगन अंतरिक्ष यान से निकले और उन्होंने पृथ्वी की निचली कक्षा में अपने 'घर' पर पहली नजर डाली। पाँचवीं बार अंतरिक्ष यात्रा कर रहीं पैगी व्हिटसन ने कहा, हम यहां आकर खुश हैं।

एकांत में रहने का यह एक लंबा समय था। चारों अंतरिक्ष यात्रियों ने ह्यूटसन में मिशन नियंत्रण की ओर हाथ हिलाकर अभिवादन किया। नासा के लाइव वीडियो में अंतरिक्ष यान को अंतरिक्ष स्टेशन के पास आते हुए भी दिखाया गया।

10 अक्टूबर, 1985 को लखनऊ में जन्में ग्रुप कैप्टन शुभांशु शुक्ला, भारतीय वायु सेना के एक परीक्षण पायलट हैं, जिनके पास 2,000 से ज्यादा उड़ान घंटों का अनुभव है। 2019 में इसरो के गगनयान मिशन के लिए चुने गए शुभांशु ने रूस के यूरी गगारिन कॉस्मोनॉट ट्रेनिंग सेंटर में प्रशिक्षण लिया। 2024 में, उन्हें अंतर्राष्ट्रीय अंतरिक्ष स्टेशन के लिए एक्सिओम मिशन 4 के पायलट के रूप में चुना गया, और ऐसा करने वाले वे पहले भारतीय अंतरिक्ष यात्री बन गए।

शुभांशु शुक्ला पहले ऐसे भारतीय हैं जिन्होंने अंतराष्ट्रीय स्पेस स्टेशन पर कदम रखा है। इससे पहले अंतरिक्ष यात्री राकेश शर्मा ने 41 साल पहले अंतरिक्ष यात्रा की थी। अंतरिक्ष स्टेशन पर रहते हुए शुभांशु ने अनेक परीक्षण किए, इन परीक्षणों से मिलने वाले नतीजे और शुभांशु के अनुभव को **"मिशन गगनयान"** में इस्तेमाल किया जाएगा।

# 2

# प्रारंभिक जीवन और शिक्षा

तीन भाई-बहनों में सबसे छोटे शुभांशु शुक्ला का जन्म शंभू दयाल शुक्ला (सेवानिवृत्त सरकारी अधिकारी), और आशा शुक्ला (एक गृहिणी) के घर हुआ था। वह उत्तर प्रदेश के लखनऊ के मूल निवासी हैं और उन्होंने अपनी स्कूली शिक्षा सिटी मोंटेसरी स्कूल, अलीगंज लखनऊ से पूरी की। 1999 में कारगिल युद्ध से प्रेरित होकर, उन्होंने राष्ट्रीय रक्षा अकादमी और नौसेना अकादमी परीक्षा दी और उत्तीर्ण हुए। उन्होंने 2005 में राष्ट्रीय रक्षा अकादमी से कंप्यूटर विज्ञान में विज्ञान स्नातक की उपाधि प्राप्त की और बाद में भारतीय वायु सेना अकादमी में उड़ान प्रशिक्षण के लिए चुने गए।

उन्हें जून 2006 में भारतीय वायुसेना के लड़ाकू दल में फ्लाइंग ऑफिसर के रूप में नियुक्त किया गया। शुभांशु का कहना है कि 1999 के कारगिल युद्ध से उन्हें सेना में जाने की प्रेरणा मिली और पहले ही प्रयास में उन्होंने बाजी मार ली। इसके बाद, उन्हें फ्लाइंग ब्रांच के लिए चुना गया और उन्होंने भारतीय वायु सेना अकादमी में प्रशिक्षण प्राप्त किया। जून 2006 में, उन्हें फ्लाइंग ऑफिसर के रूप में भारतीय वायु सेना की फाइटर स्ट्रीम में कमीशन किया गया।

## शुभांशु ने बचपन में एयर शो में देखा था सपना -

स्पेसएक्स के फाल्कन-9 रॉकेट पर सवार होकर अंतरिक्ष की ओर बढ़ते हुए ग्रुप कैप्टन शुभांशु शुक्ला ने पूरे देश की उम्मीदों को पंख लगा दिए और अपने उस सपने को साकार किया, जो संभवतः पहली बार उन्होंने तब देखा था जब वह बच्चे के रूप में एक एयर शो में गए थे।

शुभांशु शुक्ला इसरो-नासा समर्थित एक्सिओम स्पेस के वाणिज्यिक अंतरिक्ष यान का हिस्सा बने, जो फ्लोरिडा स्थित कैनेडी स्पेस सेंटर से अंतर्राष्ट्रीय अंतरिक्ष स्टेशन के लिए 18 दिन की यात्रा पर रवाना हुआ। लाखों लोग अंतरिक्ष में उड़ने का सपना देखते हैं और शुभांशु शुक्ला जैसे कुछ लोग ही इसे साकार कर पाते हैं। उनकी बड़ी बहन शुचि शुक्ला को याद है कि यह सब कब शुरू हुआ था।

उन्होंने कहा, बचपन में वह एक बार एयर शो देखने गया था। बाद में उसने मुझे बताया था कि वह विमान की गति और ध्वनि से कितना मोहित हो गया था।

## वायु सेना करियर -

2025 तक, शुभांशु शुक्ला ग्रुप कैप्टन के पद पर हैं। वह एक योग्य परीक्षण पायलट हैं, जिनके पास सुखोई Su-30MKI, MIG-29, SEPECAT जगुआर, BAE हॉक, डोर्नियर 228 और एंटोनोव AN-32 सहित विभिन्न प्रकार के विमानों पर 2,000 घंटे से अधिक उड़ान का अनुभव हैं।

## अंतरिक्ष यात्री करियर -

2019 में, शुभांशु शुक्ला को इसरो के भारतीय मानव अंतरिक्ष उड़ान कार्यक्रम के लिए इंस्टीट्यूट ऑफ एयरोस्पेस मेडिसिन द्वारा शॉर्टलिस्ट किया गया था। वह अंतरिक्ष यात्री प्रशिक्षण के लिए चुने गए चार उम्मीदवारों में से एक थे और उन्हें 2020 में बुनियादी प्रशिक्षण के लिए रूस के यूरी गगारिन कॉस्मोनॉट ट्रैनिंग सेंटर भेजा गया था, जो 2021 में समाप्त हुआ। बाद में उन्होंने बैंगलोर में इसरो के अंतरिक्ष यात्री प्रशिक्षण सुविधा में मिशन-विशिष्ट प्रशिक्षण लिया

और भारतीय विज्ञान संस्थान से एयरोस्पेस इंजीनियरिंग में मास्टर ऑफ इंजीनियरिंग की डिग्री पूरी की।

27 फरवरी, 2024 को, इसरो ने आधिकारिक तौर पर शुभांशु शुक्ला को भारत के पहले मानव अंतरिक्ष उड़ान मिशन के लिए अंतरिक्ष यात्री टीम के सदस्य के रूप में चुना।

## व्यक्तिगत जीवन -

शुभांशु शुक्ला का विवाह कामना मिश्रा से हुआ है, जो पेशे से दंत चिकित्सक (डेंटिस्ट) हैं, और स्कूल में शुभांशु की सहपाठी थीं। दंपति का एक बेटा है। 40 अंतरिक्षयात्री शुभांशु शुक्ला के स्पेस मिशन से अलग उनके परिवार खासकर पत्नी के बारे में खूब चर्चा है। स्कूल में पढ़ाई के दौरान एक-दूसरे को अच्छे से जानने लगे और फिर परिवार की सहमति से उनकी शादी हो गई।

# 3

# उड़ान में साथी कौन?

शुभांशु शुक्ला को भारत के पहले मानव अंतरिक्ष यान मिशन गगनयान के लिए 2019 में साथी परीक्षण पायलट प्रशांत बालकृष्णन नायर, अंगद प्रताप और अजीत कृष्णन के साथ भारत के अंतरिक्ष यात्री दल का हिस्सा बनने के लिए चुना गया था।

शुभांशु शुक्ला के बैक-अप अंतरिक्ष यात्री बाल कृष्णन नायर ने कहा, उनके अंदर वह इच्छा और ध्यान शक्ति है जो वह जीवन में चाहते हैं। एक बार जब वह निर्णय ले लेते हैं, जैसे कि अंतर्राष्ट्रीय अंतरिक्ष स्टेशन पर जाने वाला पहला भारतीय बनना, तो वह उस पर ध्यान केंद्रित करते हैं। अपने पूरे संसाधन और दिमाग को इसमें लगा देते हैं और अन्य सभी बाधाओं को दूर कर देते हैं।

भारत के शुभांशु शुक्ला, अमेरिका की पैगी व्हिटसन, हंगरी के टिबोर कपू, पोलैंड के स्लावोज उज्नान्स्की-विस्नीव्स्की को लेकर ड्रैगन अंतरिक्ष यान पृथ्वी के चारों ओर 28 घंटे की यात्रा के बाद आईएसएस पर पहुंचा। 'एक्सीओम-4' की मिशन कमांडर पैगी व्हिटसन ने शुभांशु शुक्ला को अंतरिक्ष यात्री पिन प्रदान की। इससे वह अंतरिक्ष की यात्रा करने वाले 634वें

अंतरिक्ष यात्री बन गए। व्हिटसन ने मिशन के अन्य अंतरिक्ष यात्रियों को भी अंतरिक्ष यात्री पिन प्रदान की।

| पोलैंड के अंतरिक्ष यात्री स्लावोज़ उज़्नान्स्की-विस्नीव्स्की | नासा की पूर्व अंतरिक्ष यात्री पैगी व्हिटसन | हंगरी के टिबोर कापू | इसरो अंतरिक्ष यात्री शुभांशु शुक्ला |
|---|---|---|---|

एक्सिओम-4 मिशन में शुभांश शुक्ला के साथी, कमांडर पैगी व्हिटसन और हंगरी से मिशन विशेषज्ञ टिबोर कपू तथा पोलैंड से स्लावोज उज्नान्सकी-विस्नीव्सकी अंतरिक्ष प्रौद्योगिकियों के मामले में उन्हें संचालन में कुशल, केंद्रित और बेहद चतुर बताते हैं।

शुभांशु शुक्ला के गृहनगर लखनऊ में सिटी मांटेसरी स्कूल की संस्थापक-निदेशक डॉ. भारती गांधी ने कहा कि कई विद्यार्थियों ने हमें गौरव दिलाया है, लेकिन शुभांशु की अंतरिक्ष यात्रा हमेशा हर भारतीय बच्चे के लिए संभावना की किरण के रूप में चमकती रहेगी।

स्कूल की अध्यक्ष और प्रबंधक गीता गांधी किंगडन ने कहा, युवा शिक्षार्थी से अंतरिक्ष यात्री तक शुक्ला की कहानी शिक्षा के मिशन को खूबसूरती से दर्शाती है। भारतीय वायुसेना में ग्रुप कैप्टन शुभांशु आईएसएस की यात्रा करने वाले पहले भारतीय हैं। वह पृथ्वी की कक्षा में सबसे लंबे समय तक (20 दिन) रहने वाले पहले भारतीय भी बन गए।

वह अंतरिक्ष में जाने वाले दूसरे भारतीय हैं। इससे पहले राकेश शर्मा 1984 में सोवियत संघ के सोयूज अंतरिक्षयान से अंतरिक्ष स्टेशन सैल्यूट 7 पर गए थे। राकेश शर्मा 1984 में तत्कालीन सोवियत संघ के सैल्यूट-7 अंतरिक्ष स्टेशन के तहत कक्षा में आठ दिन रहे थे।

# 4

# अंतरिक्ष की उड़ान

## 26 जून, 2025 को आईएसएस पर पहुंचे थे शुभांशु -

शुभांशु और तीन अन्य अंतरिक्षयात्री 26 जून को अंतर्राष्ट्रीय अंतरिक्ष स्टेशन पर पहुंचे थे। अंतरिक्षयात्रियों ने आईएसएस से जुड़ने के बाद से लगभग 76 लाख मील की दूरी तय करते हुए पृथ्वी के चारों ओर लगभग 433 घंटे या 18 दिन तक 288 परिक्रमाएं कीं। अंतरिक्षयात्रियों ने 18 दिनों तक कुल 60 से 70 प्रयोग किए। इसरो ने कहा कि शुभांशु ने भारत से संबंधित सात प्रयोग सफलतापूर्वक पूरे किए हैं। यह एक्सिओम-4 मिशन में महत्वपूर्ण उपलब्धि है।

## उड़ान के वक्त बहा भावों का बांध -

फ्लोरिडा के कैनेडी स्पेस सेंटर से लांच हो रहे एक्सिओम मिशन-4 के लिए उल्टी गिनतियां पूरी होने के साथ ज्यों ही लखनऊ के लाल शुभांशु ने 25 जून, 2025 को गगन की ओर उड़ान भरी, स्पेस सेंटर का रूप देकर सजाए गए सिटी मांटेसरी स्कूल (सीएमएस) के आडिटोरियम में शुभांशु...शुभांशु नाम के गगनभेदी नारे गूंज उठे।

अपने इष्ट की आराधना में लीन मां आशा शुक्ला के नयन अपरने नयनतारे की ऊंची उड़ान से सजल हो उठे। रुंधे गले से बस इतने ही शब्द प्रस्फुटित हुए, 'कभी सोचा नहीं था कि बेटा इतनी ऊंचाई तक जाएगा।'

इस ऐतिहासिक पल के साक्षी बन विस्मित, प्रफुल्लित शंभू दयाल शुक्ला ने जय श्रीराम के उद्घोष के साथ भावों का बांध खोला- 'अब मेरी पहचान शुभांशु के पिता की है।'

लॉन्चिंग के दौरान शुभांशु की मां आशा शुक्ला, पिता शंभू दयाल शुक्ला और उनकी बहनें भावुक नजर आईं। लॉन्चिंग के दौरान सभी ने एक-दूसरे को गले लगाया। ग्रुप कैप्टन शुभांशु शुक्ला की मां आशा शुक्ला ने कहा कि यह हमारे और सभी के लिए गर्व का क्षण है। जगह-जगह पोस्टर लगाए जा रहे हैं।

सभी को खुशी है कि इस देश का, इस त्रिवेणी नगर का एक लड़का इतनी ऊंचाई पर पहुंचने जा रहा है। हम उसे अपनी शुभकामनाएं और आशीर्वाद भेज रहे हैं। उसे हमारी बहू का पूरा समर्थन है। उसके बिना यह संभव नहीं हो सकता था। उसने यहां सबसे बड़ी भूमिका निभाई है।

## धरती की कक्षा से शुभांशु ने कहा-क्या कमाल की राइड थी -

स्पेसएक्स का ड्रैगन अंतरिक्ष यान फ्लोरिडा में नासा के अंतरिक्ष केंद्र से प्रक्षेपण के 10 मिनट के भीतर पृथ्वी की कक्षा में प्रवेश कर गया। भारत के अंतरिक्ष यात्री शुभांशु शुक्ला ने कहा कि यह कमाल की राइड थी।

अंतरिक्ष की यात्रा करने वाले दूसरे भारतीय शुक्ला ने 41 वर्षों के अंतराल के बाद भारत की अंतरिक्ष में वापसी की घोषणा हिंदी में की तथा सभी से उनकी यात्रा का हिस्सा बनने का आग्रह किया।

पृथ्वी की कक्षा से पहली टिप्पणी में कहा-मेरे कंधों पर तिरंगा मुझे बताता है कि मैं आप सभी के साथ हूं। "नमस्कार, मेरे प्यारे देशवासियो! क्या सफ़र है! हम 41 साल बाद एक बार फिर अंतरिक्ष में वापस आ गए हैं। यह एक अद्भुत सफ़र है। हम पृथ्वी के चारों ओर 7.5 किलोमीटर प्रति सेकंड की गति से चक्कर लगा रहे हैं। मेरे कंधों पर उभरा तिरंगा मुझे बताता है कि मैं आप सभी के साथ हूँ।

मेरी यह यात्रा अंतर्राष्ट्रीय अंतरिक्ष स्टेशन की नहीं, बल्कि भारत के मानव अंतरिक्ष कार्यक्रम की शुरुआत है।

मैं चाहता हूँ कि आप सभी इस यात्रा का हिस्सा बनें। आपका सीना भी गर्व से चौड़ा होना चाहिए... आइये, हम सब मिलकर भारत के मानव अंतरिक्ष कार्यक्रम की शुरुआत करें। जय हिंद! जय भारत!"

- *शुभांशु शुक्ला का अंतरिक्ष से राष्ट्र को संबोधित पहला संदेश था।*

# 5

# प्रधानमंत्री नरेंद्र मोदी से बातचीत

## प्रधानमंत्री नरेंद्र मोदी से बातचीत में स्पेस स्टेशन से बोले शुभांशु 'अंतरिक्ष से भारत और भव्य दिखता है' -

प्रधानमंत्री नरेन्द्र मोदी ने इंटरनेशनल स्पेस स्टेशन में मौजूद भारतीय एस्ट्रोनॉट शुभांशु शुक्ला से 28 जून, 2025 को 18 मिनट बात की। मोदी ने शुभांशु से कहा, 'आप भारत भूमि से सबसे दूर है, लेकिन भारतवासियों के दिलों के सबसे करीब है। आपके नाम में भी शुभ और आपकी यात्रा नए युग का शुभारंभ भी है।' शुभांशु ने कहा, 'यह सिर्फ मेरी नहीं, बल्कि हमारे देश की भी यात्रा है।'

**प्रधानमंत्री नरेंद्र मोदी** ने शुभांशु से पूछा कि आपके मन में पहला विचार क्या आया? शुभांशु ने कहा, 'पहली बात जो मन में आई, वह यह थी कि पृथ्वी पूरी तरह से एक दिखती है, बाहर से भी पृथ्वी की कोई सीमा दिखाई नहीं देती। जब हमने भारत को देखा, तो पाया कि भारत असल में बहुत भव्य और बहुत बड़ा दिखता है।

जब हम पृथ्वी को बाहर से देखते हैं, तो ऐसा लगता है कि कोई सीमा मौजूद नहीं है, कोई देश मौजूद नहीं है। हम सभी मानवता का हिस्सा हैं।

# 6

# अंतरिक्ष में किए गए परीक्षण

स्पेस स्टेशन में चारों ऐस्ट्रोनॉट ने 31 देशों के सहयोग से 60 से अधिक वैज्ञानिक प्रयोग किए।

## अंतरिक्ष में किए अनेक शोध

## शुभांशु ने हड्डियों पर प्रभाव का किया अध्ययन -

भारतीय अंतरिक्षयात्री शुभांशु शुक्ला ने अंतर्राष्ट्रीय अंतरिक्ष स्टेशन (आइएएस) पर हड्डियों से संबंधित अध्ययन किया। यह शोध हड्डियों की बीमारी आस्टियोपोरोसिस के बेहतर उपचार की दिशा में उम्मीद की किरण है।

आईएसएस पर एक सप्ताह का समय पूरा करने के बाद 19 जुलाई को शुभांशु और एक्सिओम-4 मिशन के अन्य अंतरिक्षयात्रियों ने पता लगाने का प्रयास किया कि न के बराबार गुरुत्वकर्षण या माक्रोग्रैविटी में हड्डियों पर किस तरह प्रभाव पड़ता है। अंतरिक्ष में हड्डियां किस प्रकार खराब होती हैं और पृथ्वी पर वापस आने पर वे किस प्रकार ठीक हो जाती हैं।

हड्डियों से संबंधित जैविक मार्कर का विश्लेषण करके, शोधकर्ता 'डिजिटल ट्विन' वर्चुअल मॉडल है। यह मॉडल डाटा के जरिये यह पता लगाने में मददगार हो सकता है, कि अंतरिक्षयात्री की हड्डियां अंतरिक्ष में कैसे प्रतिक्रिया देती हैं और कैसे ठीक होती हैं।

यह तरीका भविष्य में मिशन की योजना बनाते समय अंतरिक्षयात्रियों के स्वास्थ्य जोखिमों का आकलन करने और उपयुक्त समाधान तैयार करने में मदद करेगा। इसका लाभ हड्डियों से जुड़ी बीमारियों के इलाज में भी हो सकता हैं।

शुभांशु ने स्पेस स्टेशन पर हड्डियों से संबंधित अध्ययन किया। यह शोध हड्डियों की बीमारी ऑस्टियोपोरोसिस के बेहतर उपचार की दिशा में उम्मीद की किरण है।

## अंतरिक्ष में उगाई मेथी और मूंग -

अंतर्राष्ट्रीय अंतरिक्ष स्टेशन (आईएसएस) पर अपने प्रवास के अंतिम चरण में भारतीय अंतरिक्षयात्री शुभांशु शुक्ला किसान बन गए। उन्होंने पेट्री डिश में मूंग और मेथी उगाई, जिसे आईएसएस के फ्रीजर में रखा उन्होंने इसकी तस्वीर साझा की। एक्सिओम-4 मिशन के तहत 26 जून से शुभांशु आईएसएस पर थे और इस दौरान उन्होंने मूंग और मेथी उगाने का परीक्षण किया।

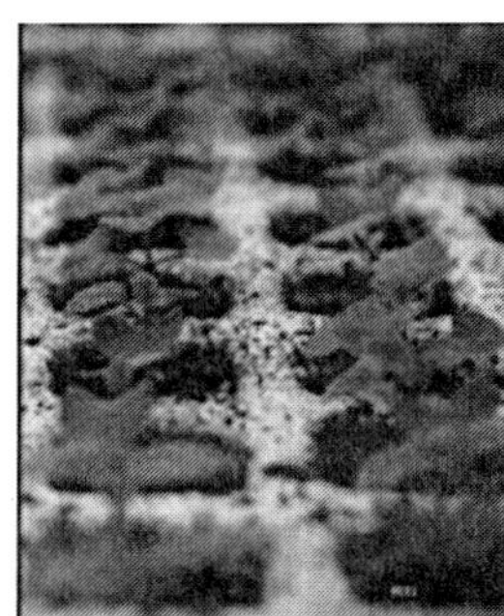

आईएसएस पर 18 दिनों के लिए गए शुभांशु ने यह कार्य एक अध्ययन के तहत किया था ताकि यह पता लगाया जा सके कि सूक्ष्म गुरुत्वाकर्षण अंकुरण और पौधों के प्रारंभिक विकास को कैसे प्रभावित करता है।

## सेहत के असर पर अध्ययन -

- *माइक्रोलॉजी प्रयोग पर काम किया, जो भविष्य में अंतरिक्ष अभियानों के लिए ऑक्सीजन, बायोफ्यूल का स्रोत बन सकते।*
- *वॉयेजर डिस्प्ले का अध्ययन किया, जो उड़ान के दौरान आंखों की गति और समन्वय पर असर को समझने के लिए किया।*
- *दिमाग में रक्त प्रवाह पर फोकस किया गया, जिससे माइक्रोग्रैविटी और उच्च स्तर की कार्बन डाइऑक्साइड का प्रभाव पता चल सके।*
- *टीम ने एक्वायर्ड इक्विवेलेंस टेस्ट नामक एक मानसिक प्रयोग में भाग लिया जो अंतरिक्ष में रहने की क्षमता को मापता है।*

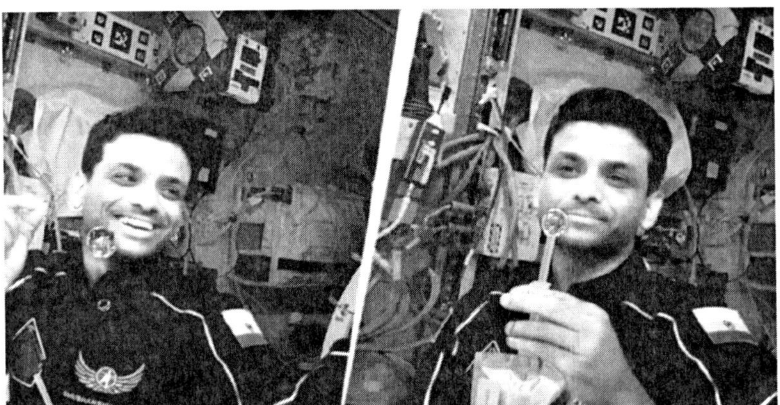

## विकिरण जोखिम को निगरानी संबंधी प्रयोग भी किया -

मिशन के 10वें दिन शुभांशु ने आईएसएस पर विकिरण जोखिम की निगरानी के लिए प्रयोग में भी भाग लिया। यह प्रयोग लंबी अवधि के अंतरिक्ष मिशनों पर अंतरिक्षयात्रियों को विकिरण से बेहतर सुरक्षा सुनिश्चित करने में मदद कर सकता है। एक्सिओम स्पेस ने कहा, शुभांशु ने अंतरिक्ष में माइक्रोलॉजी या सूक्ष्म शैवाल का अध्ययन किया। ये सूक्ष्म जीव भविष्य में अंतरिक्ष में जीवन को बनाए रखने में मदद कर सकते हैं। यह पता लगाया जा रहा है कि ये सूक्ष्म जीव अंतरिक्ष में कैसे बढ़ते और खुद को ढालते हैं।

## सफल रहा टार्डिग्रेड्स से संबंधित प्रयोग -

भारतीय अंतरिक्ष अनुसंधान संगठन (इसरो) ने बयान में कहा कि शुभांशु ने आईएसएस पर 'टार्डिग्रेड्स' से जुड़े सूक्ष्मगुरुत्व प्रयोग को सफलतापूर्वक पूरा कर लिया है। टार्डिग्रेड्स या वाटर बियर छोटे जीव हैं और चरम स्थितियों में जीवित रहने की अपनी क्षमता के लिए जाने जाते हैं। शुभांशु ने यह पता लगाने का प्रयास किया कि टार्डिग्रेड्स अंतरिक्ष में कैसे जीवित रहते हैं।

- *शुभांशु ने अंतरिक्ष में मांसपेशियों पर माइक्रोग्रैविटी के प्रभाव का भी अध्ययन किया। उन्होंने माइक्रोग्रैविटी या न के बराबर गुरुत्वाकर्षण में पानी पर प्रयोग कर अंतरिक्ष में पानी के अनोखे व्यवहार को उजागर किया।*
- *शुभांशु ने सतही तनाव या सरफेस टेंशन का उपयोग करते हुए तैरता हुआ पानी का बुलबुला बनाया। एक अन्य अंतरिक्षयात्री व्हिटसन ने इस बुलबुले में प्लास्टिक बैग को धीरे से दबाते हुए दिखाया कि माइक्रोग्रैविटी में सतही तनाव कैसे चुंबक की तरह व्यवहार करता है।*

## अंकुरित बीजों पर प्रयोग -

- *टार्डीग्रेड्स- सूक्ष्मजीवों के अंतरिक्ष में जीवन, पुनर्जीवन, प्रजनन और जीन परिवर्तनों का अध्ययन।*
- *मायोजेनेसिस - मानव मांसपेशी कोशिकाओं पर अंतरिक्ष के प्रभाव की जांच।*
- *मेथी-मूंग के बीजों को अंकुरित -अंतरिक्ष में पोषण और खाद्य सुरक्षा की दिशा में उपयोगी।*
- *फसल बीज- अंतरिक्ष में बीजों की वृद्धि और प्रतिक्रिया का अध्ययन।*
- *स्यानोबैक्टीरिया- दो वैरिएंटस की वृद्धि का अध्ययन, जो भविष्य में लूप लाइफ सपोर्ट सिस्टम का हिस्सा हो सकते।*

उन्होंने एक्सिओम स्पेस की मुख्य विज्ञानी 'लूसी लो' के साथ बातचीत में कहा, 'मुझे

बहुत गर्व है कि इसरो देशभर के राष्ट्रीय संस्थानों के साथ सहयोग करने और कुछ शानदार शोध करने में सक्षम रहा है, जो मैं सभी विज्ञानियों और शोधकर्ताओं के लिए आईएसएस पर कर रहा हूं। ऐसा करना रोमांचक और आनंददायक है।' उन्होंने बताया कि 'अंतरिक्ष केंद्र पर उनके अनुसंधान कार्य विभिन्न क्षेत्रों और विषयों में फैले हुए हैं।'

## प्रयोग का नेतृत्व कर रहे दो भारतीय विज्ञानी -

मेथी और मूंग के बीज अंकुरित करने के प्रयोग का नेतृत्व दो विज्ञानी कर्नाटक के धारवाड़ स्थित कृषि विश्वविद्यालय में कार्यरत रविकुमार होसामणि और यहीं स्थित भारतीय प्रौद्योगिकी संस्थान के सुधीर सिद्धपुरेड्डी ने किया।

एक्सिओम स्पेस की ओर से जारी एक बयान में कहा गया कि धरती पर लौटने के बाद बीजों को कई पीढ़ियों तक उगाया जाएगा ताकि उनके आनुवंशिकी, सूक्ष्मजीवी पारिस्थितिकी तंत्र और पोषण प्रोफाइल में होने वाले बदलावों का पता लगाया जा सके। एक अन्य प्रयोग के तहत शुभांशु सूक्ष्म शैवाल ले गए थे, जिनकी भोजन, आक्सीजन और यहां तक कि जैव ईंधन उत्पन्न करने की क्षमता की जांच की जा सके।

# 7

# एक्सिसओम मिशन पर खर्च व शुभांशु के अनुभव

## एक्सिओम-4 मिशन पर इसरो ने खर्च किए 550 करोड़ -

## 'गगनयान' की राह हुई आसान -

शुभांशु को इसरो के मानव अंतरिक्ष उड़ान मिशन गगनयान के लिए भी शार्टलिस्ट किया गया है। उन्होंने इस यात्रा से भारत के पहले स्वदेशी मानव अंतरिक्ष मिशन 'गगनयान' की राह आसान बना दी है।

यात्रा में मिले अनुभव से इसरो को 'गगनयान' को क्रियान्वित करने में मदद मिलेगी। इसलिए एक्सिओम-4 मिशन पर इसरो ने 550 करोड़ रुपये खर्च किए हैं। गगनयान को 2027 में लांच करने की संभावना है। इस अभियान में पृथ्वी की 400 किमी पर स्थित निचली कक्षा में तीन अंतरिक्षयात्रियों को भेजा जाएगा।

शुभांशु और तीन अन्य अंतरिक्षयात्री 26 जून को आईएसएस पर पहुंचे थे। अंतरिक्षयात्रियों

ने आईएसएस से जुड़ने के बाद से लगभग 76 लाख मील की दूरी तय करते हुए पृथ्वी के चारों ओर लगभग 433 घंटे या 18 दिन तक 288 परिक्रमाएं कीं। अंतरिक्षयात्रियों ने 18 दिनों तक 60 प्रयोग किए।

## शुभांशु बोले- हमें और आगे जाना है

उन्होंने अंतरिक्ष से यह भी बताया कि उनकी यात्रा की गति 28 हजार किलोमीटर प्रतिघंटा की है। इसे भारत के मान से जोड़ते हुए कहा कि यह दिखाता है, कि हमारा देश कितनी तेज़ गति से आगे बढ़ रहा है। यहां से हमें और आगे जाना है।

यह सुनते ही प्रधानमंत्री से मुंह से निकला- वाह! फिर पूछा- अंतरिक्ष की विशालता देखकर सबसे पहला विचार आपको क्या आया? इस पर शुभांशु ने बताया कि जब पहली बार हम अंतरिक्ष में पहुंचे तो पहला दृश्य पृथ्वी का था।

उन्होंने कहा कि पृथ्वी को बाहर से देखकर मन में पहला ख्याल आया कि पृथ्वी बिल्कुल एक दिखती है। बाहर से कोई सीमा रेखा दिखाई नहीं देती।

दूसरी चीज, हम भारत को मैप पर देखते-पढ़ते हैं कि बाकी देशों का आकार कितना बड़ा है और भारत का कितना? वह सही नहीं होता, क्योंकि हम थ्री-डी ऑब्जेक्ट को टू-डी पेपर पर उतारते हैं।

भारत सच में बहुत भव्य और बड़ा दिखता है। जितना हम मैप पर देखते हैं, उससे कहीं ज्यादा बड़ा। अनेकता में एकता का भाव साकार होता दिखता है।

## शुभांशु ने सोने की समस्या का जिक्र किया -

पीएम ने उल्लेख किया कि स्पेस स्टेशन पर जाने वाले आप पहले भारतीय हैं। आपने जबर्दस्त मेहनत की है, लंबी ट्रेनिंग करके गए हैं। अब आप अंतरिक्ष में हैं। वहां की परिस्थितियां कितनी अलग हैं? कैसे तालमेल बैठा रहे हैं?

इस पर उन्होंने अनुभव साझा किया कि यहां सब कुछ अलग है। एक साल ट्रेनिंग की, सारे सिस्टम और प्रक्रिया के बारे में पता था, लेकिन यहां आते ही अचानक सब बदल गया। हमारे शरीर को ग्रेविटी में रहने की आदत हो जाती है। हर एक चीज उसी से तय होती है, लेकिन यहां पर छोटी-छोटी चीजें भी बहुत मुश्किल हो जाती हैं।

आपसे बात करते समय पैरों को बांध रखा है, नहीं तो ऊपर चला जाऊंगा। सोना बहुत बड़ी चुनौती है। आप छत, दीवार या जमीन कहीं भी सो सकते हैं।

## 'शुभांशु का अंतरिक्ष मिशन हमारे लिए विटामिन की तरह' -

भारतीय अंतरिक्ष यात्री शुभांशु शुक्ला चार सदस्यीय टीम के साथ इंटरनेशनल स्पेस स्टेशन पर महत्वपूर्ण प्रयोग किया, जिस पर वैश्विक विज्ञान समुदाय की गहरी नजर रही। भारतीय खगोल भौतिकी संस्थान के पूर्व प्रोफेसर डॉ. रमेश चंद्र कपूर ने भी इस मिशन पर ध्यान केंद्रित किया एक खगोल विज्ञानी के रुप में, उनकी रुचि भारहीनता में काम करने के अनुभव और वनस्पतियों पर इसके प्रभाव को समझने में रही।

बगैर गुरुत्वाकर्षण की स्थिति में मूंग और मेथी जैसी वनस्पतियों में आनुवांशिक बदलावों

का अध्ययन करना अत्यंत रोचक था, हालांकि इसके परिणामों के लिए लंबा इंतजार करना होगा। शुभांशु शुक्ला के अभियान की लागत (548 करोड़ रुपये) पर उठ रहे सवालों के जवाब में डॉ. कपूर का कहना है कि यदि इसमें 1000 करोड़ रुपये भी लगते, तो भी यह खर्च उठाना चाहिए।

उन्होंने ख्यात वैज्ञानिक सुब्रह्मण्यन चंद्रशेखर की एक सलाह का उल्लेख किया, जिसमें उन्होंने कहा था कि विज्ञान के लिए निवेश आवश्यक है, भले ही वह तत्काल उपयोगी न लगे। डॉ. कपूर ने इसे विटामिन की तरह बताया, जो हमारे लिए आवश्यक है।

भारतीय अंतरिक्ष अभियान की धीमी शुरुआत की तुलना में, डॉ कपूर ने बताया कि भारत का विज्ञान पश्चिम की तुलना में 400 साल बाद विकसित हुआ। ईस्ट इंडिया कंपनी के आगमन के बाद, भारतीय विद्यार्थियों को आधुनिक विज्ञान से परिचित होने का अवसर मिला। हमें 'टेकऑफ' करने में समय लगा।

## मांसपेशियों-हड्डियों को नुकसान का जिक्र -

शुभांशु ने बताया कि सूक्ष्म गुरुत्वाकर्षण के कारण मांसपेशियों और हड्डियों को नुकसान पहुंचता है। इसलिए हम हर दिन ट्रेडमिल, साइकिल और मशीनों का उपयोग करके व्यायाम करते हैं।

मिशन के लिए और धरती पर लौटने के लिए फिट रहना आवश्यक है। उन्होंने अपनी अंतरिक्ष यात्रा को अद्भुत बताया और कहा कि अंतरिक्ष से धरती को निहारना सबसे रोमांचक होता है।

8

# अंतरिक्ष से दिखने वाले दृश्य

## हर दिन 16 सूर्योदय-सूर्यास्त -

शुभांशु ने बताया कि अंतरिक्ष स्टेशन पर जीवन सूर्य के प्रकाश से नहीं बल्कि ग्रीनविच मीन टाइम (जीएमटी) पर सेट घड़ी से संचालित होता है। उन्होंने कहा, 'हम सूर्य का अनुसरण नहीं करते।

आईएसएस पर हम हर दिन 16 सूर्योदय और सूर्यास्त देखते हैं, क्योंकि हम हर 90 मिनट में पृथ्वी का चक्कर लगाते हैं। हमारी गतिविधियां सूर्य के प्रकाश से नहीं बल्कि जीएमटी से संचालित होती हैं।'

## 7 खिड़कियों से दिखता है पूरा ब्रह्मांड...

## क्या है कपोला मॉड्यूल, जिससे शुभांशु ने देखा स्पेस?

अंतर्राष्ट्रीय स्पेस स्टेशन (आईएसएस) में एक खास तौर का मॉड्यूल है, जिसे कपोला मॉड्यूल कहा जाता है। इस मॉड्यूल में सात खिड़कियां है, जहां से अंतरिक्ष यात्री 'ब्रह्मांड' की स्टडी करते हैं।

26 जून को भारतीय अंतरिक्ष यात्री शुभांशु शुक्ला स्पेस स्टेशन पहुंचे। इसी बीच उनकी तस्वीर सामने आई, जहां वो कपोला मॉड्यूल से 'ब्रह्मांड' की तस्वीरें कैमरे में कैद कर रहे थे। बता दें कि वह 18 दिनों तक अंतरिक्ष में रहे।

## कपोला मॉड्यूल की खासियत -

कपोला एक छोटा मॉड्यूल है, जिसे स्पेस स्टेशन के बाहर रोबोटिक गतिविधियों, व्हीकल्स एप्रोच और स्पेस वॉक जैसी एक्टीविटिज के अवलोकन के लिए डिजाइन किया गया है।

कपोला की वजह से अंतरिक्ष यात्री तारों और खगोलीय पिडों को देखकर उनकी स्टडी करते हैं। कपोला की वजह से हमें ब्रह्मांड की शानदार तस्वीरें दुनिया तक पहुंचती है।

# 9

# शुभांशु शुक्ला की छात्रों से अंतरिक्ष से बातचीत

8 जुलाई, 2025 को अंतर्राष्ट्रीय अंतरिक्ष स्टेशन (आईएसएस) से रेडियो के माध्यम से स्कूली छात्रों से बातचीत की और कहा कि आप में से कई भविष्य में अंतरिक्षयात्री बन सकते हैं और चंद्रमा पर चहलकदमी भी कर सकते हैं।

शुभांशु ने मेघालय और असम के सात स्कूलों के छात्रों से बातचीत की, जो उनसे बात करने के लिए शिलांग में उत्तर पूर्वी अंतरिक्ष उपयोग केंद्र में एकत्र हुए थे। छात्रों ने शुभांशु को 20 प्रश्न भेजे थे और वह 10 मिनट हेम रेडियो के माध्यम से छात्रों के संपर्क में रहे। उन्होंने आईएसएस पर अपने अनुभव, अंतरिक्षयात्री के रूप में प्रशिक्षण और अंतरिक्ष में स्वस्थ रहने के बारे में अपने विचार साझा किए।

शुभांशु ने कहा, 'मैं लौटकर आऊंगा और आपका मार्गदर्शन करूंगा। आप में से कई भविष्य में अंतरिक्षयात्री बनेंगे। जिज्ञासु बने रहें और खुद पर विश्वास रखें, आप में से कोई चंद्रमा पर चहलकदमी भी कर सकता है।'

# 10

# अंतरिक्ष से शुभांशु की वापसी

## स्पेस स्टेशन में 18 दिन बिताने के बाद सकुशल लौटे शुभांशु -

400 किलोमीटर दूर इंटरनैशनल स्पेस स्टेशन पर पहुंचकर इतिहास रचने वाले भारत के ऐस्ट्रोनॉट शुभांशु शुक्ला की धरती पर 15 जुलाई, 2025 को मंगल-वापसी हुई।

शुभांशु शुक्ला अंतर्राष्ट्रीय अंतरिक्ष स्टेशन (आईएसएस) पर 18 दिन रहने के बाद 15 जुलाई, को पृथ्वी पर लौट आए। शुभांशु समेत एक्सिओम-4 मिशन के चार सदस्यों को लेकर ड्रैगन यान कैलिफोर्निया तट पर उतरा।

अंतरिक्षयात्रियों ने पृथ्वी पर लौटने के लिए साढ़े 22 घंटे की यात्रा की। 'गगन जीतने' वाले शुभांशु जब प्रशांत महासागर में कैलिफोर्निया तट पर मुस्कुराते हुए और कैमरों की ओर

हाथ हिलाते हुए अंतरिक्षयान से बाहर आए तो करोड़ों भारतीयों का मन हर्षित हुआ और देश का स्वाभिमान फिर सातवें आसमान पर पहुंच गया।

लगभग सात दिनों के पुनर्वास कार्यक्रम से अंतरिक्ष यात्रा के बाद हर यात्री को गुजरना पड़ता है। शुभांशु और एक्सिओम-4 मिशन के तीन अन्य अंतरिक्षयात्री- मिशन कमांडर अमेरिकी अंतरिक्ष यात्री पैगी व्हिटसन, पौलैंड के स्लावोस्ज उजानांस्की-विस्नीवस्की, हंगरी के टिबोर कापू भारतीय समयानुसार दोपहर 3:01 बजे प्रशांत महासागर में कैलिफोर्निया के सैन डिएगो तट के निकट उतरे।

अमेरिका से हजारों मील दूर भारत के 140 करोड़ लोग आईएसएस पर पहली बार भारत का परचम लहराने वाले देश के यशस्वी सपूत का स्वागत करने के लिए पलक पांवडे बिछाए थे।

## इस तरह हुई आईएसएस से धरती पर वापसी -

- *शुभांशु और तीन अन्य अंतरिक्षयात्री सोमवार को अनडॉकिंग से लगभग दो घंटे पहले अंतरिक्षयान में सवार हुए और अपने स्पेससूट पहने।*
- *भारतीय समयानुसार 14 जुलाई, दोपहर 2:37 बजे पर अंतरिक्षयान को आईएसएस से जोड़ने वाले हैच को बंद कर दिया। अंतरिक्षयान की जांच की।*
- *इसके बाद स्पेसएक्स का क्रू ड्रैगन अंतरिक्षयान आईएसएस से अलग हुआ। अनडॉकिंग (आईएसएस से अंतरिक्षयान से अलग होने) की प्रक्रिया सोमवार को भारतीय समयानुसार शाम लगभग 4:45 बजे हुई।*
- *अनडाकिंग के बाद कक्षीय प्रयोगशाला से दूर जाने के लिए उसने थ्रस्टर्स फायर किए गए।*
- *28 हजार किलोमीटर प्रति घंटे से अधिक की गति से यात्रा करते हुए ड्रैगन अंतरिक्षयान धरती के वायुमंडल में पहुंचा। इस दौरान तीव्र घर्षण के कारण 1,927 डिग्री सेल्सियस तापमान का सामना करना पड़ा।*
- *सुरक्षात्मक हीट शील्ड ने अंतरिक्षयान को जलने से बचाया। हीट शील्ड एक सुरक्षात्मक परत है जो अंतरिक्ष यान को वायुमंडल में पुनः प्रवेश करते समय गर्मी से बचाती है।*
- *इस क्षेत्र से गुजरने के बाद अंतरिक्षयान की गति धीरे धीरे कम हुई। समुद्र तल से लगभग 5.7 किमी की ऊंचाई पर दो छोटे ड्रोग पैराशूट अंतरिक्षयान को स्थिर करने के लिए खुले। कुछ समय बाद लगभग दो किमी की ऊंचाई पर चार बड़े मुख्य पैराशूट खुले।*
- *कुछ ही मिनटों बाद ड्रैगन अंतरिक्षयान को स्पेसएक्स के रिकवरी शिप 'शैनन' के ऊपर ले जाया गया, जहां शुभांशु और अन्य अंतरिक्षयात्री अंतरिक्षयान से बाहर निकले।*

• *आईएसएस पर तीन सप्ताह तक भारहीनता की स्थिति में रहने के बाद पृथ्वी पर गुरुत्वाकर्षण के साथ तालमेल बिठाने के लिए पैरों के सहारे चलवाने में अंतरिक्ष यात्रियों की 'ग्राउंड स्टाफ' ने मदद की।*

• *एक्सिओम-4 के चालक दल की जहाज पर ही कई चिकित्सा जांच की गई। इसके बाद उन्हें वापस तट पर जाने के लिए हेलिकाप्टर में बैठाया गया। अब अंतरिक्षयात्रियों को पुनर्वास कार्यक्रम (लगभग सात दिन) से गुजरना होता है, ताकि वह पृथ्वी के गुरुत्वाकर्षण के अनुकूल हो सके।*

## शुभांशु की माँ को अनुभूति -

हर्षित महतारी मुनि मनहारी अद्भुत रूप बिचारी... मन को हरने वाला उनका अद्भुत रूप देखकर जैसे माता कौसल्या आनंदित हो गई थीं उसी परम सुख की अनुभूति ग्रुप कैप्टन शुभांशु शुक्ला की माता आशा की आंखों में दिखाई दिया। शरीर खुशी के मारे कांपने लगा, भावनाओं का समुंदर आंखों में आसुंओं के मार्ग से निकल रहा था।

वह उछली और बोली मेरा लाल, मुझे भरोसा था तुम कर लोगे... इस परम सुख को देने के लिए धन्यवाद मेले लाल, भारत माता की जय। बोली यह सुख परम अनुपम है। यह बातें उन्होंने तब कहीं जब शुभांशु की वापसी का सजीव प्रसारण लखनऊ के सिटी मांटेसरी स्कूल (सीएमएस) कानपुर रोड आडिटोरियम में चल रहा था।

• *ग्रुप कैप्टन शुभांशु शुक्ला ने अंतरिक्ष में सबसे लंबे समय तक रहने वाले भारतीय अंतरिक्ष यात्री बनकर इतिहास रच दिया।*

• *तीन जुलाई, 2025 को उन्होंने अंतरिक्ष यात्री स्क्वाड्रन लीडर राकेश शर्मा के 1984 में बनाए गए सात दिन, 21 घंटे और 40 सेकंड के रिकार्ड को पीछे छोड़ दिया।*

इस उपलब्धि पर शुभांशु के माता-पिता गर्वित हैं। उनका कहना था, कि शुभांशु के लौटने का वे बेसब्री से इंतजार कर रहे हैं। यह उपलब्धि पूरे देश और उनके परिवार के लिए गर्व का क्षण बन गया। हम वह क्षण कभी नहीं भूल सकते, जब बेटे ने उन्हें अंतरिक्ष से सूर्योदय दिखाया था।

शुभांशु शुक्ला की मां आशा शुक्ला ने अंतरिक्ष से अपने बेटे से जुड़ने के अनुभव को साझा किया। उन्होंने कहा, "कल ही मेरी उससे बात हुई। वह बहुत उत्साहित था। अंतरिक्ष में होने को लेकर भी और घर वापस आने को लेकर भी।

उसने बताया कि वह कई प्रयोग कर रहा है और वहां सब कुछ उपलब्ध है। उसने हमें अंतरिक्ष से सूर्योदय दिखाया और यह भी बताया कि वह कहां सोता है।

मुझे बहुत गर्व है कि मेरे बेटे ने यह मुकाम हासिल किया है। यह बहुत ही सुंदर अहसास है। पिता शंभू दयाल शुक्ला ने उस वक्त कहा कि हम बस उसकी सुरक्षित वापसी का इंतजार कर रहे हैं।

## वापसी की प्रक्रिया -

## दो घंटे पहले ड्रैगन यान में पहुंचे अंतरिक्षयात्री

शुभांशु शुक्ला और तीन अन्य अंतरिक्षयात्री अनडॉकिंग से लगभग दो घंटे पहले अंतरिक्षयान में सवार हुए। स्पेससूट पहने और भारतीय समय अनुसार दोपहर 2:37 बजे अंतरिक्षयान को आईएसएस से जोड़ने वाले हैच को बंद कर दिया गया।

अंतरिक्ष स्टेशन के आसपास के सुरक्षित क्षेत्र से बाहर निकलने के बाद अंतरिक्षयात्रियों ने पृथ्वी पर वापसी की साढ़े 22 घंटे की यात्रा के लिए स्पेससूट उतार दिए। स्पलैशडाउन के लिए डी-आर्बिट प्रक्रिया शुरू करने से पहले अंतरिक्षयात्री फिर स्पेससूट पहनें। स्प्लैशडाउन 15 जुलाई को भारतीय समयानुसार दोपहर 3:01 बजे कैलिफोर्निया तट पर निर्धारित था।

## इस तरह हुई डाकिंग

- *बुधवार को फ्लोरिडा से दोपहर 12:01 बजे प्रक्षेपित होने के लगभग 28 घंटे बाद ड्रैगन अंतरिक्ष यान ने अंतरिक्ष स्टेशन से जुड़ने की तैयारी शुरू की। इसके लिए थ्रस्टर को फायर करके धीमी और संतुलित गति से आगे बढ़ना शुरू किया।*
- *अंतरिक्ष यान जटिल प्रक्रियाओं के माध्यम से आगे बढ़ा। मिशन नियंत्रण को वेपाइंट-1 और वेपाइंट-2 पर दो ठहरावों को छोड़ना पड़ा। इसके चलते डाकिंग लगभग 30 मिनट पहले हो गई।*

- *अंतरिक्ष स्टेशन से महज 20 मीटर की दूरी पर अंतरिक्ष यान ने लेजर आधारित सेंसर और कैमरों का उपयोग करते हुए डॉकिंग पोर्ट के साथ जुड़ाव की प्रक्रिया शुरू की।*
- *अंतरिक्ष यान की डॉकिंग के बाद दोनों को जोड़ने का काम शुरू हुआ। इसके लिए अंतरिक्ष यान और अंतरिक्ष स्टेशन को 12 सेट हुक के साथ जोड़ा गया।*
- *अंतरिक्ष यान और अंतरिक्ष स्टेशन के बीच संचार और ऊर्जा संपर्क स्थापित होने के साथ ही डॉकिंग की प्रक्रिया पूरी हो गई।*
- *आईएसएस के चालक दल ने रिसाव जांच और हैच खोलने की प्रक्रिया पूरी की। इसका उद्देश्य यह सुनिश्चित करना था कि अंतरिक्ष यान के भीतर दबाव अंतरिक्ष स्टेशन के समान हो।*

अंतरिक्ष यात्री व्हिटसन भारतीय समयानुसार 5:53 बजे अंतरिक्ष स्टेशन पर पहुंची। इसके बाद शुभांशु शुक्ला, स्लावोज और कपू भी आईएसएस पर पहुंचे।

## केंद्रीय मंत्री जितेंद्र सिंह ने क्या कहा?

केंद्रीय मंत्री जितेंद्र सिंह ने इस मिशन को "अभूतपूर्व" बताते हुए, उन्होंने कहा कि

आईएसएस में अपने प्रवास के दौरान शुभांशु द्वारा किए गए प्रयोग मानव अस्तित्व से जुड़े थे।

उन्होंने कहा कि ये प्रयोग न केवल भारतीयों के लिए बल्कि पूरी मानवता के लिए उपयोगी होंगे। उन्होंने कहा, यह भारत के लिए अत्यंत प्रसन्नता का क्षण है कि भारत माता का सपूत सफलतापूर्वक लौट आया।

# 11

# सफर की चुनौतियां

## अंतरिक्ष से लौटने में इसलिए एक दिन लेता है स्पेसएक्स

अंतरिक्ष में भारत का कद बढ़ाने वाले शुभांशु शुक्ला की वापसी का सफर 14 जुलाई को शुरू हुआ। उनको अंतरिक्ष से ला रहा स्पेसएक्स ड्रैगन 15 जुलाई को भारतीय समयानुसार 3 बजे प्रशांत महासागर में उतरा। शुभांशु शुक्ला स्पेस स्टेशन से अपने साथ जो डाटा लाए हैं वह बेहद अहम होगा लेकिन यह भी सही है कि अंतरिक्ष से वापसी का सफर आसान नहीं होता। इस दौरान, ड्रैगन को कई चरणों से गुजरना पड़ता है।

- *28,000 किलोमीटर प्रति घंटे की रफ्तार से उतरते हुए ड्रैगन कैप्सूल को एक समुद्र में एक तय जगह पर उतरना होता है। इस दौरान धरती घूमती रहती है।*
- *डिपार्चर बर्न्स के साथ ड्रैगन स्पेस स्टेशन से सुरक्षित तरीके से अलग होता है। यह*

*काफी सावधानी से किया जाता है जिससे स्पेसक्राफ्ट आईएसएस से न टकराए।*

- *इसके बाद स्पेसक्राफ्ट फ्री फ्लाइट मोड में प्रवेश करता है। इस दौरान वह कक्षा में छह से 30 घंटे तक कहीं भी रह सकता है। यह अवधि धरती पर लैंड करने के हालात पर निर्भर करती है।*

## लैंडिंग के लिए जरूरी हालात

कैप्सूल ने फ्लोरिडा के तट पर खास रिकवरी जोन में लैंड किया, जहां मौसम के हालात कड़ी सुरक्षा जरूरतों को पूरा कर रहे थे। इस जोन में हवा की रफ्तार 16.5 किलोमीटर प्रति घंटे से कम होनी चाहिए थी सो वो ठीक थी। वेव स्लोप सात डिग्री से कम और बारिश की संभावना 25 प्रतिशत से कम और 16 किलोमीटर की रेंज में बिजली नहीं कडकनी चाहिए। वह मौसम बिल्कुल अनुकूल था। यह सब कुछ सामान्य होने के कारण सही समय पर 15 जुलाई 2025 को शुभांशु व अन्य यात्रियों की सुरक्षित वापसी संभव हो सकी।

छह मिनट तक फायरिंग : स्पलैशडाउन से सात घंटे पहले ड्रैगन फेजिंग बर्न परफार्म करता है। इस प्रक्रिया में छोटे राकेट इंजन छह मिनट तक फायरिंग करते हैं। ऐसा स्पेसक्राफ्ट को सटीक फ्लाइट पथ पर लाने के लिए किया जाता है। यह प्रक्रिया बेहद अहम है।

गति होती है कम : स्पलैशडाउन से 52 मिनट पहले डीआर्बिट बर्न शुरू होता है। 15 मिनट तक छोटे राकेट इंजन लगातार फायर करते हैं और धीरे धीरे स्पेसक्राफ्ट की गति कम होती जाती है। इससे ड्रैगन पूरी तरह से रुक नहीं जाता है लेकिन इसकी गति काफी कम हो जाती है।

## 1,900 डिग्री से अधिक हो जाता है ड्रैगन का तापमान -

डीआर्बिट बर्न के बाद ड्रैगन धरती के वातावरण में प्रवेश करता है। इस दौरान हवा के घर्षण से ड्रैगन 1,900 डिग्री सेल्सियस से अधिक गर्म हो जाता है। हीट शील्ड ड्रैगन में सवार अंतरिक्ष यात्रियों को इस तापमान से बचाती है।

**फाइनल टचडाउन :** कैप्सूल करीब 27 किलोमीटर प्रति घंटे की रफ्तार से समुद्र में पानी से टकराता है। अब भी गति तेज है लेकिन समुद्र कैप्सूल को सहारा देता है और कैप्सूल को इस तरह से बनाया गया है कि वह इस तरह की लैंडिंग सुरक्षित तरीके से कर सके।

# 12

# लैंडिंग के तरीके

अंतरिक्ष से वापसी के बाद शुभांशु शुक्ला का अंतरिक्षयान समुद्र में उतरा, लेकिन 41 साल पहले अंतरिक्ष में जाने वाले पहले भारतीय राकेश शर्मा जब वापस लौटे थे तो उन्होंने समुद्र में नहीं जमीन पर लैंडिंग की थी।

## राकेश शर्मा ने जमीन पर की थी लैंडिंग -

अप्रैल 1984 में, अंतरिक्ष में जाने वाले राकेश शर्मा, 'सोवियत सैल्यूट 7 अंतरिक्ष स्टेशन' के अपने मिशन के बाद सोयूज टी-10 कैप्सूल पर सवार होकर कज़ाकिस्तान में जमीन पर उतरे थे। समुद्र में उतरना हर बार आसान और सुरक्षित नहीं होता, फिर भी अमेरिका के मिशन में अंतरिक्ष यात्री अक्सर समुद्र में उतरते रहे हैं, जबकि रूस और चीन जमीन पर लैंडिंग को प्राथमिकता देते हैं।

## क्या है स्प्लैशडाउन के फायदे?

"स्प्लैशडाउन" या पानी में उतरने का बड़ा फायदा यह है कि अंतरिक्षयान के मलबे को पहले ही समुद्र में गिरा दिया जाता है, जिससे जमीन पर मौजूद लोगों और संपत्ति को नुकसान पहुंचने का खतरा काफी हद तक खत्म हो जाता है, वहीं जमीन पर उतरना अधिक सटीक होता है, लेकिन जमीन पर उतरते समय अक्सर अधिक जोरदार टक्कर का सामना करना पड़ता है।

## राकेश शर्मा ने क्या कहा था?

जमीन पर उतरने से समुद्र में बचाव की जटिलताओं से बचा जा सकता है। 2024 में एक साक्षात्कार में राकेश शर्मा ने कहा था कि अंतरिक्ष से वापसी के समय मुझे लगा था कि मैं इसमें सफल नहीं हो पाऊंगा। तभी पैराशूट खुला और अंदर से बहुत अधिक आवाज आई। आखिकार मैनें सफल लैंडिंग की।

# 13

# भविष्य की योजनाएं

भारत के अंतरिक्षयात्री शुभांशु शुक्ला मंगलवार को वापस पृथ्वी पर लौट आए। उनके साथ उनका क्रू भी वापस आया। शुभांशु का ये मिशन भारत के लिए बेहद अहम है। ऐसा इसलिए क्योंकि भारत गगनयान मिशन को अंतरिक्ष में भेजने की तैयारी कर चुका है। ये मिशन भारत का पहला मानवयुक्त मिशन होगा।

## पीएम मोदी ने शुभांशु का कामयाबी को बताया मील का पत्थर

प्रधानमंत्री मोदी ने शुभांशु की स्वागत करते हुए कहा कि अंतर्राष्ट्रीय अंतरिक्ष स्टेशन (ISS) में भारत के पहले अंतरिक्ष यात्री के रूप में, उन्होंने अपने समर्पण, साहस और अग्रणी भावना से अरबों सपनों को प्रेरित किया है।

## इसरो के मिशन गगनयान में शुभांशु के अनुभव से मिलेगी सहूलियत -

इसरो के अंतरिक्ष अनुप्रयोग केंद्र के निदेशक नीलेश एम. देसाई ने कहा, "शुभांशु शुक्ला द्वारा अंतर्राष्ट्रीय अंतरिक्ष स्टेशन पर बिताए गए समय के दौरान हासिल किए गए अनुभव अगले दो सालों में तय गगनयान मिशन के लिए काफी अहम होगा। यह उनके (शुभांशु) लिए एक अविस्मरणीय अनुभव रहा है। उन्होंने अंतरिक्ष स्टेशन पर कई प्रयोग किए।" अंतरिक्ष और सूक्ष्म गुरुत्वाकर्षण का अनुभव करने के बाद उन्होंने कई वैज्ञानिक परीक्षण भी किए। यह मिशन हमारे लिए सीखने का एक बड़ा अवसर रहा है। इसरो ने यह मिशन इसलिए शुरू किया ताकि वह अनुभव प्राप्त कर सके जो गगनयान मिशन में हमारी मदद करेगा।

## नीलेश एम. देसाई, निदेशक, अंतरिक्ष अनुप्रयोग केंद्र, इसरो -

उन्होंने आगे कहा कि गगनयान मिशन इस साल के आखिर एक मानवरहित उड़ान के साथ शुरू होगा। उन्होंने कहा, "हम इस साल एक मानवरहित मिशन लांच करेंगे, जिसके बाद दो और मानवरहित उड़ानें होंगी। इसके बाद, एक भारतीय एस्ट्रोनाट को गगनयान के जरिए अंतरिक्ष में भेजा जाएगा।

वह दो से सात दिनों तक अंतरिक्ष में रहेंगे और फिर पृथ्वी पर वापस लौटेंगे। स्पेसएक्स ड्रैगन कैप्सूल से सफलतापूर्वक उतरने के बाद भारतीय अंतरिक्ष यात्री ग्रुप कैप्टन शुभांशु शुक्ला पृथ्वी पर वापस आ गए।

एक्सिओम और नासा के सहयोग से आयोजित इस मिशन की अवधि 14 दिनों से बढ़ाकर 18 दिन कर दी गई थी, जिसके दौरान चालक दल ने 60 से ज्यादा प्रयोग किए।

## राष्ट्रपति, उपराष्ट्रपति समेत कई बड़े नेताओं ने बधाई दी -

आईएसएस पर 'एक्सिओम-4' मिशन के पायलट के तौर पर शुभांशु की भूमिका ने भारत के अंतरिक्ष अन्वेषण के लिए मील का पत्थर स्थापित किया है। इस मिशन में शामिल सभी लोगों को मेरी बधाई।' - द्रौपदी मुर्मु, राष्ट्रपति गगनयात्री शुभांशु शुक्ला आईएसएस पर 18 दिन रहने के बाद मंगलवार को पृथ्वी पर लौट आए। शुभांशु समेत एक्सिओम-4 मिशन के चार सदस्यों को लेकर ड्रैगन यान कैलिफोर्निया तट पर उतरा।

अंतरिक्षयात्रियों ने पृथ्वी पर लौटने के लिए साढ़े 22 घंटे की यात्रा की। 'गगन जीतने' वाले शुभांशु जब प्रशांत महासागर में कैलिफोर्निया तट पर मुस्कुराते हुए और कैमरों की ओर हाथ हिलाते हुए उतरे तो करोड़ों भारतीयों का स्वाभिमान एक बार फिर सातवें आसमान पर था।

# 14

# गगनयान अभियान

## भारत की निगाहें अब गगनयान अभियान पर -

भारत के गगनयान अभियान के जहां वर्ष 2027 में प्रक्षेपित होने की उम्मीद है, वहीं भारत अंतरिक्ष स्टेशन का पहला मॉड्यूल वर्ष 2028 में प्रक्षेपित हो सकता है। इसके अलावा एक पूर्ण विकसित कक्षीय प्रयोगशाला वर्ष 2035 तक आकार ले लेगी। ये योजनाएं भारत को अंतरिक्ष अनुसंधान और अन्वेषण में एक प्रमुख खिलाड़ी बनाने में मदद करेंगी। भारतीय अंतरिक्ष अनुसंधान संगठन (इसरो) ने कहा कि एक्सिओम-4 मिशन आगामी गगनयान अभियान के लिए अहम जानकारियां देगा।

## गगनयान मिशन (अभियान) -

गगनयान मिशन की घोषणा प्रधानमंत्री नरेंद्र मोदी ने 15 अगस्त 2018 को लालकिले से की थी। गगनयान भारतीय अंतरिक्ष अनुसंधान संगठन (इसरो) का एक मिशन है, जिसका उद्देश्य तीन दिनों के लिए 400 किलोमीटर की कक्षा में मानव मिशन भेजकर और उन्हें सुरक्षित रूप से पृथ्वी पर वापस लाकर मानव अंतरिक्ष उड़ान क्षमता का प्रदर्शन करना है। गगनयान भारतीय मानवयुक्त अंतरिक्ष यान है।

अंतरिक्ष कैप्सूल तीन लोगों को ले जाने के लिए तैयार किया गया है। और उन्नत संस्करण डॉकिंग क्षमता से लैस किया जाएगा। अपनी पहली मानवयुक्त मिशन में, यह 3.7 टन का कैप्सूल तीन व्यक्ति दल के साथ सात दिनों के लिए 400 किमी की ऊंचाई पर पृथ्वी की परिक्रमा करेंगे। गगनयान कार्यक्रम का उद्देश्य पृथ्वी की निचली कक्षा में मानवयुक्त अंतरिक्ष यान प्रक्षेपित करने की भारत की क्षमता का प्रदर्शन करना है, और इस मिशन से प्राप्त अनुभव और ज्ञान इसकी सफलता के लिए महत्वपूर्ण होंगे

इस अंतरिक्ष यान को तीन लोगों को ले जाने के लिए डिज़ाइन किया जा रहा है और

एक नियोजित उन्नत संस्करण में मिलन स्थल और डॉकिंग क्षमताएँ भी होंगी। अपने पहले मानवयुक्त मिशन में, भारतीय अंतरिक्ष अनुसंधान संगठन (इसरो) का 5.3 मीट्रिक टन का स्वायत्त कैप्सूल, दो या तीन लोगों के चालक दल के साथ, 400 किलोमीटर की ऊँचाई पर सात दिनों तक पृथ्वी की परिक्रमा करेगा।

पहले मानवयुक्त मिशन को मूल रूप से दिसंबर 2021 में इसरो के HLVM3 रॉकेट से प्रक्षेपित करने की योजना थी। नवंबर 2024 तक, इसके 2026 से पहले प्रक्षेपित होने की उम्मीद है।

27 फरवरी, 2024 को गगनयान के अंतरिक्षयात्रियों की घोषणा की गई। आइए चुने गए यात्रियों के बारे में जानें।

## प्रशांत बालकृष्णन नायर -

प्रशांत बालकृष्णन नायर को गगनयान कार्यक्रम के लिए चुना गया हैं। ग्रुप कैप्टन प्रशांत बालकृष्णन नायर 1976 में जन्मे केरल निवासी हैं, जिन्होंने मानव अंतरिक्ष उड़ान मिशन के लिए रूस में प्रशिक्षण लिया है। वह एक लड़ाकू पायलट हैं जो सुखोई युद्धक विमान उड़ाते हैं।

प्रशांत को दिसंबर 1998 में भारतीय वायु सेना में कमीशन मिला था। उन्होंने सुखोई Su-30 MKI उड़ाने में विशेषज्ञता हासिल की, लेकिन उन्हें MIG-21 और An-32 उड़ाने का भी अनुभव था। उन्होंने भारतीय वायु सेना में श्रेणी ए फ्लाइट इंस्ट्रक्टर बनने के लिए डिफेंस सर्विसेज स्टाफ कॉलेज, वेलिंगटन और फ्लाइंग इंस्ट्रक्टर्स स्कूल, तांबरम में पढ़ाई की।

## प्रशिक्षण -

प्रशांत 2019 में इंस्टीट्यूट ऑफ एयरोस्पेस मेडिसिन (आईएएम) द्वारा शुरू की गई अंतरिक्ष यात्री चयन पहल का हिस्सा बने, जो भारतीय वायु सेना के तहत भारतीय मानव अंतरिक्ष उड़ान कार्यक्रम के हिस्से के रूप में संचालित एक संस्थान है।

अंततः इसरो के सहयोग से आईएएम द्वारा कठोर मूल्यांकन के बाद उन्हें शीर्ष चार उम्मीदवारों में चुना गया। अपने चयन के बाद, वह अन्य चयनित चालक दल के सदस्यों के साथ यूरी गगारिन कॉस्मोनॉट ट्रेनिंग सेंटर में मूलभूत अंतरिक्ष यात्री प्रशिक्षण लेने के लिए रूस चले गए। 2021 में बुनियादी प्रशिक्षण पाठ्यक्रम पूरा करने के बाद, वह बैंगलोर स्थित अंतरिक्ष यात्री प्रशिक्षण सुविधा में आगे के निर्देश के लिए भारत लौट आए। लगभग उसी अवधि में, नायर ने आईआईएससी बैंगलोर से एयरोस्पेस इंजीनियरिंग में मास्टर ऑफ टेक्नोलॉजी की डिग्री भी हासिल की।

## अंगद प्रताप -

अंगद प्रताप 17 जुलाई, 1982, को इलाहाबाद में जन्मे भारत के पहले मानवयुक्त अंतरिक्ष उड़ान कार्यक्रम, गगनयान के लिए चुने गए चार अंतरिक्ष यात्रियों में से एक हैं , जो 2027 में अपनी पहली मानवयुक्त उड़ान शुरू करने वाला है। वह भारतीय वायु सेना (आईएएफ) में एक परीक्षण पायलट हैं, जो ग्रुप कैप्टन के पद पर हैं।

## शिक्षा और भारतीय वायुसेना करियर -

प्रताप ने नई दिल्ली के धौला कुआं स्थित स्प्रिंगडेल्स स्कूल में शिक्षा प्राप्त की , जहां उन्होंने 2000 में अपनी माध्यमिक शिक्षा पूरी की। राष्ट्रीय रक्षा अकादमी (एनडीए) के 2003 के पूर्व छात्र, प्रताप को 18 दिसंबर, 2004 को भारतीय वायु सेना (आईएएफ) की लड़ाकू शाखा में नियुक्त किया गया था।

प्रताप भारतीय वायुसेना के उड़ान प्रशिक्षक और परीक्षण पायलट हैं और उन्होंने सुखोई Su-30 एमकेआई, MIG -21, MIG-29, जगुआर, हॉक, डोर्नियर और एंटोनोव An-32 जैसे विभिन्न विमानों पर लगभग 2,000 घंटे उड़ान भरी है। 18 दिसंबर, 2017 को उन्हें विंग कमांडर और बाद में ग्रुप कैप्टन के पद पर पदोन्नत किया गया।

## अजीत कृष्णन -

अजीत कृष्णन गगनयान में मिशन के भारतीय अंतरिक्ष यात्री चुने गए है। उनका परिचय जानना आवश्यक है। अजीत कृष्णन का जन्म 19 अप्रैल, 1982 को चेन्नई, तमिलनाडु में हुआ था। राष्ट्रीय रक्षा अकादमी से स्नातक होने के बाद, कृष्णन ने भारतीय वायु सेना में अपनी यात्रा शुरू की। उनके असाधारण कौशल और नेतृत्व को शुरुआत में ही पहचान मिल गई, जिसके परिणामस्वरूप उन्हें वायु सेना अकादमी में राष्ट्रपति का स्वर्ण पदक और स्वॉर्ड ऑफ़ ऑनर दोनों से सम्मानित किया गया। 21 जून, 2003 को भारतीय वायु सेना के लड़ाकू दस्ते में उनकी नियुक्ति ने उनके एक विशिष्ट करियर की शुरुआत की।

एक उड़ान प्रशिक्षक और परीक्षण पायलट के रूप में अजीत कृष्णन का कार्यकाल लगभग 2,900 घंटों के उड़ान अनुभव के प्रभावशाली संचय से चिह्नित है।

यह अनुभव विभिन्न प्रकार के विमानों तक फैला हुआ है, जिनमें उन्नत सुखोई-30 एमकेआई, प्रतिष्ठित MIG-21 और MIG-29, बहुमुखी जगुआर, साथ ही डोर्नियर और एएन-32 जैसे विमान शामिल हैं।

इन विभिन्न विमानों में उनकी विशेषज्ञता हवा में उनकी अनुकूलनशीलता और दक्षता को दर्शाती है। इसके अलावा, अजीत की शैक्षिक पृष्ठभूमि तमिलनाडु के वेलिंगटन स्थित डिफेंस सर्विसेज स्टाफ कॉलेज (डीएसएससी) में बिताए समय से और भी समृद्ध हुई है।

इस अनुभव ने उन्हें सैन्य रणनीतियों और नेतृत्व की गहरी समझ प्रदान की है, जो उनके व्यावहारिक उड़ान कौशल को और निखारती है।

## कैप्टन शुभांशु शुक्ला -

ग्रुप कैप्टन शुभांशु शुक्ला भारतीय वायु सेना के टेस्ट पायलट, इंजीनियर और इसरो के अंतरिक्ष यात्री हैं। वह भारतीय मानव अंतरिक्ष उड़ान कार्यक्रम के तहत अंतरिक्ष में जाने वाले चार अंतरिक्ष यात्रियों में से पहले हैं। इन्हें गगनयान मिशन के लिए चुना गया है।

## इसरो ने तैयार किया गगनयान मिशन के लिए 'सर्विस माड्यूल प्रोपल्शन सिस्टम' -

इसरो ने गगनयान मिशन के लिए सर्विस माड्यूल प्रोपल्शन सिस्टम को सफलतापूर्वक विकसित कर लिया है। इस सिस्टम का 350 सेकेंड तक हाट टेस्ट किया गया, जो सफल रहा। यह भारत के पहले मानव अंतरिक्ष मिशन की दिशा में बड़ी उपलब्धि है। यह आर्बिटल माड्यूल को सही कक्षा (आर्बिट) में पहुंचाने, उड़ान को नियंत्रित करने, जरूरत पड़ने पर गति को धीमा करने और अगर कोई गड़बड़ी हो जाए तो मिशन को बीच में रोककर अंतरिक्षयात्रियों की सुरक्षित वापसी सुनिश्चित करता है।

इस माडल पर इसरो ने 25 बार अलग-अलग तरह के परीक्षण किए हैं। इनमें कुछ परीक्षण सामान्य हालात में और कुछ परीक्षण मुश्किल हालात में किए गए हैं।

इसके सभी परीक्षण तमिलनाडु के महेंद्रगिरी में स्थित इसरो के प्रोपल्शन काम्प्लेक्स (आइपीआरसी) में किए गए।

साथ ही अंतर्राष्ट्रीय चालक दल एकीकरण, चिकित्सा और मनोवैज्ञानिक तैयारी, वास्तविक समय स्वास्थ्य टेलीमेट्री की बारीकियों में व्यावहारिक अनुभव देगा। भारतीय अंतरिक्ष संघ के महानिदेशक लेफ्टिनेंट जनरल (सेवानिवृत्त) ए के भट्ट ने कहा कि यह उपलब्धि गगनयान मिशन समेत अन्य महत्वाकांक्षी लक्ष्यों के लिए अहम है। इससे वैश्विक और भारतीय निजी अंतरिक्ष उद्योगों को भी प्रोत्साहन मिलेगा।

# 15

# लैंडिंग का लाइव प्रसारण

*शुभांशु के स्कूल में लैंडिंग का सजीव प्रसारण देख रहे परिजनों के आंसू छलके, पिता ने तिरंगा लहराकर स्वागत किया*

## मां बोली, बेटा बड़ा मिशन पूरा करके लौटा -

शुभांशु शुक्ला 18 दिन बाद अंतरिक्ष से सकुशल धरती पर लौट आए। शुभांशु के स्कूल सीएमएस में बेटे की लाइव लैंडिंग का प्रसारण देख रही माता और पिता बेटे को कैप्सूल से बाहर निकलता देखने के लिए टकटकी लगाए हुए थे। यह क्षण परिवार के लिए भावुक और गर्व से भर देने वाला था।

पिता शंभू दयाल शुक्ला तिरंगा लहराकर बेटे का होसला बढ़ा रहे थे लेकिन हाथ जोड़े खड़ी मां आशा शुक्ला की आंखों से आंसू बंद होने का नाम नहीं ले रहे थे। उन्होंने कहा कि मेरा बेटा बड़ा मिशन पूरा करके लौटा है।

कैलिफॉर्निया में उतरने के साथ ही , ग्रुप कैप्टन शुक्ला और चालक दल पृथ्वी के गुरुत्वाकर्षण के अनुकूल होने के लिए सात दिनों के पुनर्वास कार्यक्रम में शामिल हो गए। सूत्रों के अनुसार, पुष्टि होने तक, वह 25 तारीख को भारत लौट सकते हैं। गगनयात्री शुभांशु शुक्ला समेत एक्सिओम-4 मिशन के चार सदस्य अंतर्राष्ट्रीय अंतरिक्ष स्टेशन (आईएसएस) से धरती पर लौट आए।

## ड्रैगनयान का 22 घंटे का सफर

**आइए 10 बिंदुओं में जानने का प्रयास करते हैं कि साढ़े 22 घंटे की यात्रा के दौरान ड्रैगनयान किस तरह यह सफर तय किया -**

- *शुभांशु और तीन अन्य अंतरिक्षयात्री सोमवार को अनडॉकिंग से लगभग दो घंटे पहले अंतरिक्षयान में सवार हुए और अपने स्पेससूट पहने।*
- *भारतीय समयानुसार 14 जुलाई, 2025 (सोमवार) दोपहर 2:37 बजे पर अंतरिक्षयान को आईएसएस से जोड़ने वाले हैच को बंद कर दिया। अंतरिक्षयान की जांच की।*

- इसके बाद स्पेसएक्स का क्रू ड्रैगन अंतरिक्षयान आईएसएस से अलग हुआ। अनडॉकिंग (आईएसएस से अंतरिक्षयान से अलग होने) की प्रक्रिया सोमवार को भारतीय समयानुसार शाम लगभग 4:45 बजे हुई।

- अनडॉकिंग के बाद कक्षीय प्रयोगशाला से दूर जाने के लिए उसने थ्रस्टर्स फायर किए गए। - 28 हजार किलोमीटर प्रति घंटे से अधिक की गति से यात्रा करते हुए ड्रैगन अंतरिक्षयान धरती के वायुमंडल में पहुंचा। इस दौरान तीव्र घर्षण के कारण 1600 से 1,900 डिग्री सेल्सियस तापमान का सामना करना पड़ाए।

- सुरक्षात्मक हीट शील्ड ने अंतरिक्षयान को जलने से बचाया। हीट शील्ड एक सुरक्षात्मक परत है जो अंतरिक्ष यान को वायुमंडल में पुनः प्रवेश करते समय गर्मी से बचाती है।

- इस क्षेत्र से गुजरने के बाद अंतरिक्षयान की गति धीरे धीरे कम हुई। समुद्र तल से लगभग 5,500 मीटर ऊपर, दो छोटे ड्रोग पैराशूट अंतिरक्षयान को स्थिर करने के लिए खुले। कुछ समय बाद चार बड़े मुख्य पैराशूट खुले।

- कुछ ही मिनटों बाद अंतरिक्षयान ने प्रशांत महासागर में कैलिफोर्निया तट पर स्प्लैशडाउन की प्रक्रिया पूरी हुई। किसी अंतरिक्षयान के पानी में उतरने को स्पलैशडाउन कहते हैं।

- स्पलैशडाउन के बाद स्पेसएक्स के ड्रैगन अंतरिक्षयान को रिकवरी शिप 'शैनन' के ऊपर ले जाया गया, जहां शुभांशु और अन्य अंतरिक्षयात्री अंतरिक्षयान से प्रसन्न मुद्रा में बाहर निकले। रिकवरी शिप में चिकित्सा और तकनीकी टीमें थीं।

- आईएसएस पर तीन सप्ताह तक भारहीनता की स्थिति में रहने के बाद पृथ्वी पर गुरुत्वाकर्षण के साथ तालमेल बिठाने के लिए पैरों के सहारे चलवाने में अंतरिक्ष यात्रियों की 'ग्राउंड स्टाफ' ने मदद की।

- एक्सिओम-4 के चालक दल की जहाज पर ही कई चिकित्सा जांच की गई। इसके बाद उन्हें वापस तट पर जाने के लिए हेलीकाप्टर में बैठाया गया। अब अंतरिक्षयात्रियों को पुनर्वास कार्यक्रम (लगभग सात दिन) से गुजरना होगा ताकि वह पृथ्वी के गुरुत्वाकर्षण के अनुकूल हो सके।

16

# अंतरिक्ष में भारत की सफलता

अंतरिक्ष यात्री शुभांशु की ऐतिहासिक यात्रा से भारत में विज्ञान और अंतरिक्ष उद्योग क्षेत्र को बहुत बल मिलेगा। इसरो के साथ निजी उपक्रमों में भी तरक्की की नई बहार आएगी।

आज यह देखना बहुत प्रेरक है कि भारत में अंतरिक्ष स्टार्टअप्स कैसे आगे बढ़कर बेहतर काम कर रहे हैं। यह क्षेत्र देश में संपन्नता लाएगा और रोजगार भी बढ़ाएगा।

## अब तक अंतरिक्ष में जाने वाले भारतीय निम्न हैं -

## शुभांशु शुक्ला से नया आगाज -

भारत के नाम साथ के एक और कामयाबी जुड़ गई है। अभी तक कोई भारतीय अंतर्राष्ट्रीय अंतरिक्ष केंद्र पर नहीं गया था। इस मोर्चे पर शुभांशु शुक्ला ने इतिहास रच दिया।

वह 18 दिन बाद पृथ्वी पर लौटे अब उनकी कामयाबी की चर्चा आम लोगों तक पहुंचेगी इससे भारतीय अंतरिक्ष क्षेत्र में भी नई ऊर्जा का संचार होगा।

## सुनीता विलियम्स -

भारतीय मूल की अमेरिकी नागरिक सुनीता विलियम्स सफलता और सदा प्रसन्नता की मिसाल हैं। साल 2024-2025 में तकनीकी समस्याओं के कारण उनका अंतर्राष्ट्रीय अंतरिक्ष स्टेशन पर प्रवास नौ महीने से ज्यादा बढ़ गया था। वह दुनिया में सबसे अनुभवी अंतरिक्ष यात्रियों में से एक हैं। उन्होंने नौ बार अंतरिक्ष यात्राएं की हैं और वह कुल 62 घंटे 6 मिनट तक यान से बाहर रही हैं।

## कल्पना चावला -

करनाल, हरियाणा में जन्मी कल्पना चावला उच्च शिक्षा हासिल करने अमेरिका गई थीं और उनकी योग्यता ने उन्हें वहां भी दुलारी बना दिया। वह अमेरिकी नागरिक के रूप में पहली बार साल 1997 में अंतरिक्ष में गई थीं और 2003 में अंतरिक्ष से लौटते हुए उनका यान दुर्घटनाग्रस्त हो गया था। आज वह दुनिया में नहीं है परन्तु कल्पना चावला आज भी भारतीय घरों में चर्चित नाम है और उनसे युवाओं को बहुत प्रेरणा मिलती हैं।

## राकेश शर्मा से शुरुआत -

भारतीय वायुसेना के अधिकारी राकेश शर्मा के समय अंतरिक्ष में जाना एक सपने की तरह था। तब अंतरिक्ष में शोध के लिए केंद्र स्थापित नहीं हुआ था। यात्री पृथ्वी की कक्षा से ही लौट आते थे। सोवियत संघ की मदद से 3 अप्रैल 1984 को अंतरिक्ष की सैर करने वाले पहले भारतीय राकेश शर्मा आज भी जीवित हैं और अंतरिक्ष विषय से लगाव रखने वाले भारतीयों की जुबान पर पहला नाम उन्हीं का आता है।

## एनडीए से अंतरिक्ष का सफर

- *10 अक्टूबर, 1985 को लखनऊ में जन्मे शुभांशु शुक्ला ने एनडीए के लिए चयनित होने से पहले सिटी मांटेसरी स्कूल से पढ़ाई की थी।*
- *2006 में वह भारतीय वायुसेना का हिस्सा बने। उनके पास सुखोई-30, MIG-29, जगुआर, डोर्नियर-228 सहित विभिन्न विमानों पर 2,000 घंटे से अधिक उड़ान का अनुभव है।*
- *उन्होंने भारतीय विज्ञान संस्थान, बेंगुलुरु से एयरोस्पेस इंजीनियरिंग में एम.टेक की डिग्री प्राप्त की है।*
- *2019 में उन्हें विंग कमांडर के पद पर पदोन्नत किया गया। उसी वर्ष अंतरिक्ष यात्री चयन प्रक्रिया के तहत उनका नाम सामने आया।*
- *2021 में शुक्ला ने रूस के गगारिन कास्मोनाट ट्रेनिंग पूरी की। उसके बाद बेंगलुरु स्थित इसरो के अंतरिक्ष यात्री प्रशिक्षण केंद्र में प्रशिक्षण लिया।*
- *2024 में वायुसेना में ग्रुप कैप्टन बने। वह अपने परिवार में सशस्त्र बलों में शामिल होने वाले पहले व्यक्ति हैं।*
- *पिता शंभू दयाल शुक्ला सेवानिवृत्त अधिकारी और मां आशा गृहिणी हैं।*

## ड्रैगन यान की बनावट

ड्रैगन यान में सात यात्रियों के बैठने की होती जगह

चारों अंतरिक्ष यात्री ड्रैगन यान ग्रेस से लौटे, जिसे एलन मस्क की कंपनी स्पेसएक्स ने बनाया है। यह 46 बार आईएसएस पर गया है और 31 बार इसने धरती पर वापस आने के बाद अंतरिक्ष की यात्रा की है।

- *इस यान की ऊंचाई 8.1 मीटर और व्यास 4 मीटर का है।*
- *धरती से लॉन्च होते समय इसका पेलोड मास 6000 किलो होता है, वापसी में रिटर्न पेलोड मास 3000 किलो होता है।*
- *इसमें ड्रेको थ्रस्टर्स लगे हैं, जो ड्रेगन को कक्षा में रहने के दौरान दिशा बदलने की अनुमति देते हैं।*
- *कैप्सूल की प्रथमिक बनावट कार्बन फाइबर पॉलीमर से बनी है, जिससे वजन के अनुपात में ताकत मिलती हैं।*